THE POCKET SCAVENGER

做了这本书2

淘宝与创意改造

KERI SMITH

[美] 凯莉·史密斯（Keri Smith）著　李佳霖 译

長江出版傳媒
湖北科学技术出版社

THIS BOOK IS DEDICATED TO ALL THE WORLD'S GREAT TEACHERS. IT ONLY TAKES ONE TO ALTER THE PATH OF A LIFE!

本书要献给全天下所有伟大的老师。一位良师，可以改变一个人的一生！

THIS BOOK BELONGS TO:

这本书的主人是：

- -

WHO IS AN OFFICIAL SCAVENGER AND WORLD EXPLORER. 是一位淘宝者暨世界的探索者。

IF FOUND, PLEASE RETURN TO:

如蒙拾遗，请归还至：

- -

(ADDRESS, EMAIL OR PHONE #)

（请写上地址、E-mail或电话）

SCAVENGING LOCATIONS:

淘宝的地点：

- -

CODENAME: - - - - - - - - - - - - - - -

代号：

跟大自然的东西结合

CONTENTS 目录

INTRODUCTION 准备

COLLECT & ALTER 开始淘宝与创意改造

做个伪装

让它变成地图上的一个地点

掩盖它

SOME EXTRA THINGS 进阶版

加上圆点

A SINGLE INANIMATE OBJECT, USELESS IN ITSELF, CAN BE THE FOCUS OF A WORLD.

一小块无生命的东西，虽然本身毫无用处，却会是世界的焦点。

-YI-FU TUAN

——段义孚（当代华裔地理学家）

DEFINITION OF A SCAVENGER

淘宝者的定义

淘宝者是……

- 不论身在何处，随时都可以来趟小小的探险旅程，即使是最平凡无趣的地方也一样。
- 随时注意脚下有什么东西，四处搜寻值得收藏的东西。
- 即使是其他人都看不上眼的小东西，也看得出其中的美。
- 了解所有的东西都可以被赋予特别的力量。
- 对于将简单的小东西变成艺术作品非常有兴趣。
- 常常把收集的东西放在包包里头、散落在家中，或是藏在院子里某个地方。
- 总是随时准备好收集东西，尽一切所能去收集，甚至有时候让自己置于险地。

你是这样的人吗？

如果是，请看下页。

加上条纹

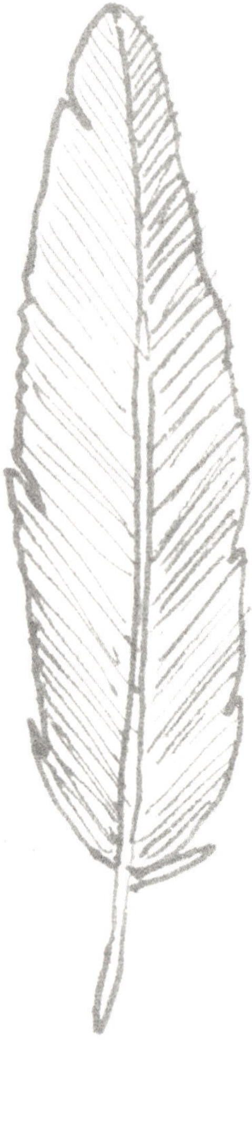

在上方乱画

INTRODUCTION

关于本书

你已受邀进行一趟冒险的探索之旅，对，就是现在，不论你人在哪里。我要请你找寻一些东西。乍看之下，这些东西似乎不显眼、很普通、不重要，但不要被骗喔，它们才是真正超级重要的！

每一天，每一分，每一秒，在我们的周围都有上百（或上千）的东西被我们所忽略。我们的眼睛自动略过它们，因为它们似乎不太重要，没什么用处。但是，如果我们看待每样事物的眼光都像是从来没见过一样呢？或者都像我们不知道它是干嘛用的呢？这样一来，我们就学会用新的眼光来看待每件事物。

如果我们选择将这些东西视为新的事物，它们就会变得非常有用。这些东西会是非常有价值的物品，等待着新的探索者收集起来，运用在各式各样艺术创作与实验中。

以下就是你要做的功课：每天出去探索的时候，无论看到什么事物，都要用新的眼光来看待。

复制起来（拷贝一份）

THE SCAVENGE

淘宝的方式

要成为探险家的第一步就是要懂得怎么观察，而学会观察的第一步就是要了解，观察不只是用眼睛看而已。即使是只用眼睛看好了，眼睛没看到的永远比你想的更多。

——崔斯坦·古利（Tristan Gooley），自然探险家

大多数人在日常生活中一定都有过探索、淘宝的经验，例如在某个地方四处寻找，迫切想要找到列于某张清单上的所有物品，然后抢在他人前头发现那些东西，而且在越短时间内找到越好。

本书的淘宝方式有一点点不一样，我们的淘宝是先收集到东西，然后加以改造。

所以，第一个任务，就是要收集很多的东西。你可以在周遭环境搜寻，也可以在上班或上学的路上、等公交车的时候、附近的公园找找，或者在健走、度假的时候找寻。使用本书附录的清单可以辅助你快速锁定可以淘宝的东西。你可以自行决定怎样进行淘宝：可以选择自己单枪匹马来进行，也可以号召朋友们一起来比赛，比比看各自可以找寻到什么宝贝。

折起来、剪成碎片，然后重新组合

THE ALTERATION

改造的方式

一旦你找到某样东西，并且准备好进行下一个步骤了，这时请将本书倒过来，随便很快地翻到某一页，按照红色色块上的指示，将这样东西改造一下。（这里是运用“机遇”这个概念，这样一来你就无法自己选择想要的改造方式。要你很快翻到某页的用意是让你无法先看到红色色块上的指示，如此一来，才能真正达到随机的目的。）

这些改造的指示将引导你创造出全新的东西。把这些指示想成是创造出全新、不同东西的各种可能方式，而不是你有选择权，可以选择自己想进行的改造。你的天赋才华将会在这些指示中展现出来。每个人对于每项改造指示都有不同的解读。关于要如何进行改造，完全没有对与错，或者好与坏的分别。你可能会喜欢改造后的结果，也可以觉得很乏味。这就是好玩的地方：因为你不知道会发生什么事。

变成一件衣服

CHANCE:

“机遇”的意思是：

1.事情在未经刻意安排的情况下发生与发展。

2.在未经安排、无法预期的情况下，推动事物发展的力量。例如：机遇让我成功。

A BRIEF HISTORY OF CHANCE

关于机遇的二三事：

艺术家是在20世纪50年代开始将机遇的概念运用在艺术创作上，包括像是埃斯沃兹·凯利（Ellsworth Kelly）、方斯华·莫黑雷（Francois Morellet）和约翰·凯奇（John Cage）等艺术家。这些艺术家会运用各种不同的方式与技巧，例如，易经、格子状圆形（随机将颜色涂到方格里）、点点圆形，在电脑上随机组合、掷骰子、利用地心引力（往下掉落、扔落、滴落）、邂逅等等。

描画下来，以这个形状为基础，画出新东西

我们常常在创作时（例如一件艺术作品、一篇文章、一首歌曲），我们会沿用以前觉得有效、我们擅长的、我们觉得不错的、可靠的、容易理解的、当今流行的方式。但是这样的方法可能会让我们的作品没有新意，一直在重复。创意是来自于我们从各种不同角度观看事情的能力。新的联结（以前从没有被联结起来的事情 ）会带来新的创意。

在创作过程中加入机遇，可以让我们创造新的联结，让我们尝试自己以前未曾试过的事物，我们就会不得不脱离旧有的思考或行为模式。

艺术热爱着机遇，机遇也热爱着艺术。

阿伽通（Agathon，雅典诗人）/未完成作品（约公元前415年），曾被亚里士多德引述。

THE BENEFITS AND JOYS OF BEING A SCAVENGER

淘宝的好处与乐趣

我会用一天的时间来创作一个“故事”。通常我会走到，譬如说，第六大道这条街上，然后突然某样东西吸引了我的目光，有可能是一个塑料袋、一把绿色的伞、天空中飞机飞过留下的一道飞机云。我就是这么开始自己的创作。
——墨西哥艺术家加布里尔·奥维兹科（Gabriel Orozco）

1.淘宝的过程可以让我们融入、了解我们周遭的环境，而且让我们一直没有被充分开发的感官敏锐起来。你或许就会开始觉得，自己看到的每样事物都很有趣。

2.在现今的文化中，我们已经丧失了“探索”这个经验。探索是指寻找某个不容易被发现到的物品，以及在尝试找这个物品过程中所发生的故事。这些故事，这些过程（对比物品本身），常常会让生命更有趣。

3.淘宝很有趣，也会让人上瘾（但比整天看电视好太多了），特别是当我们跟别人一起去淘宝，还有分享自己独一无二的成果时。

跟xiv的东西合并起来

4.生活在这个消费主义导向的社会里，我们很容易就被某种生活方式给限制，例如，老是逛街买东西，或者对某个品牌死忠。这样最后会让我们内心觉得空虚，与大自然疏离。我们应该要参与的活动是可以让我们敞开心胸，探索我们周围的世界，而且出发点是跟钱或商业行为无关。这对我们很重要。融入并了解我们周遭的环境，可以让我们更亲近大自然。

5.出于对艺术的热爱来收集物品，对你绝对不会有任何损失。

而且，例如我们把这个世界看成是生气蓬勃又充满生命力的，会发生什么呢？假使每样东西都可以诉说一个故事呢？

带着这本书，出现在你眼前的东西就会看起来完全不一样了。每个人所看到的与所呈现出来的，会受到下列几种状况影响：各种不同的因素、我们各自的生命经验、各自所在的地点、各自的文化、机遇，以及我们对书中指示的诠释。借由这样的方式来看待、改造收集来的物品，可以训练我们的头脑，不要用先入为主的想法来看事物。时间久了，我们自然会想出新的联结，产生出新的思考模式。我们会培养出尝试“新”事物或不同事物的习惯。

AN IMPORTANT NOTE:

重要，请注意：

有时候做出来的结果会很有趣，有时候却不尽然。这是尝试实验的特性。

SCAVENGER TOOLS

淘宝时需要的工具，如下：

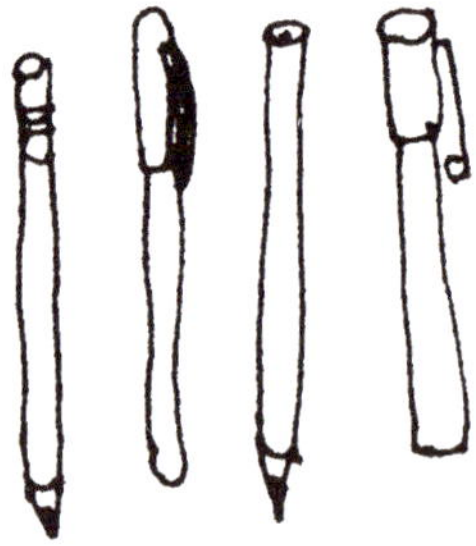

各种书写及画画的笔

橡皮擦

粉笔

剪刀

颜料

一些美术用品

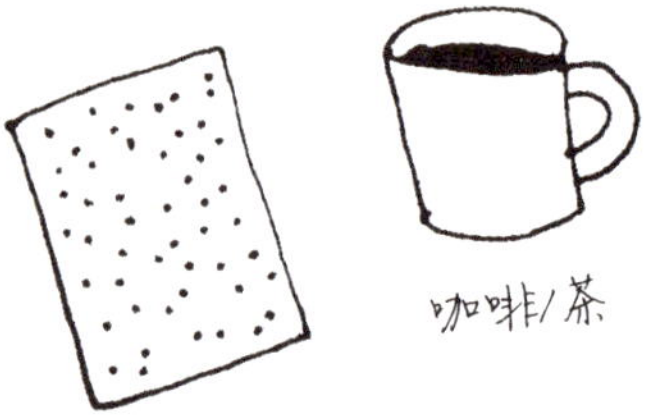

咖啡/茶

砂纸

报纸

泥巴

一些非美术用品

* 请见xxi页“创意大改造会用到的材料”

在你想到如何把收集物固定在画中前，可以用各种方式先存放起来。你可以在画的封底内侧贴一个信封，把外出时找寻到的宝贝暂时存放起来。

淘宝时穿戴的衣物
（可以帮助你进入状态）

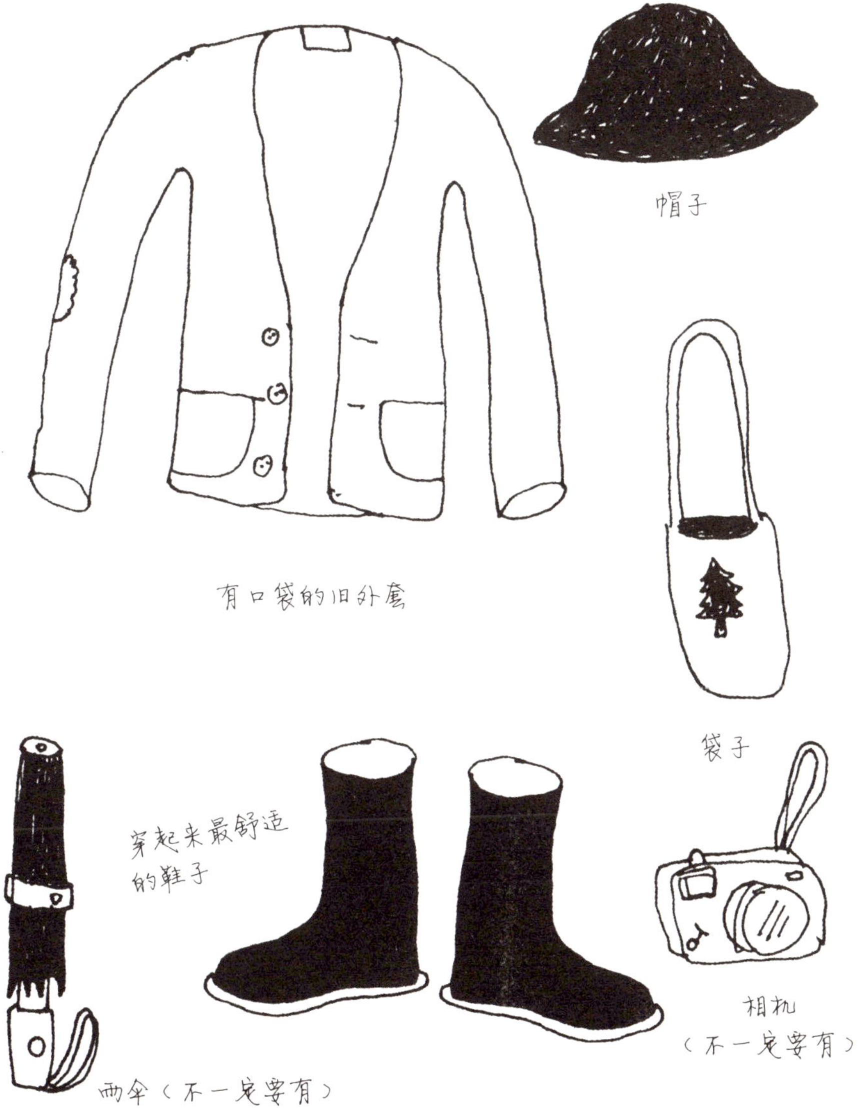

把它倒过来，看看像什么？

固定收集物的方法

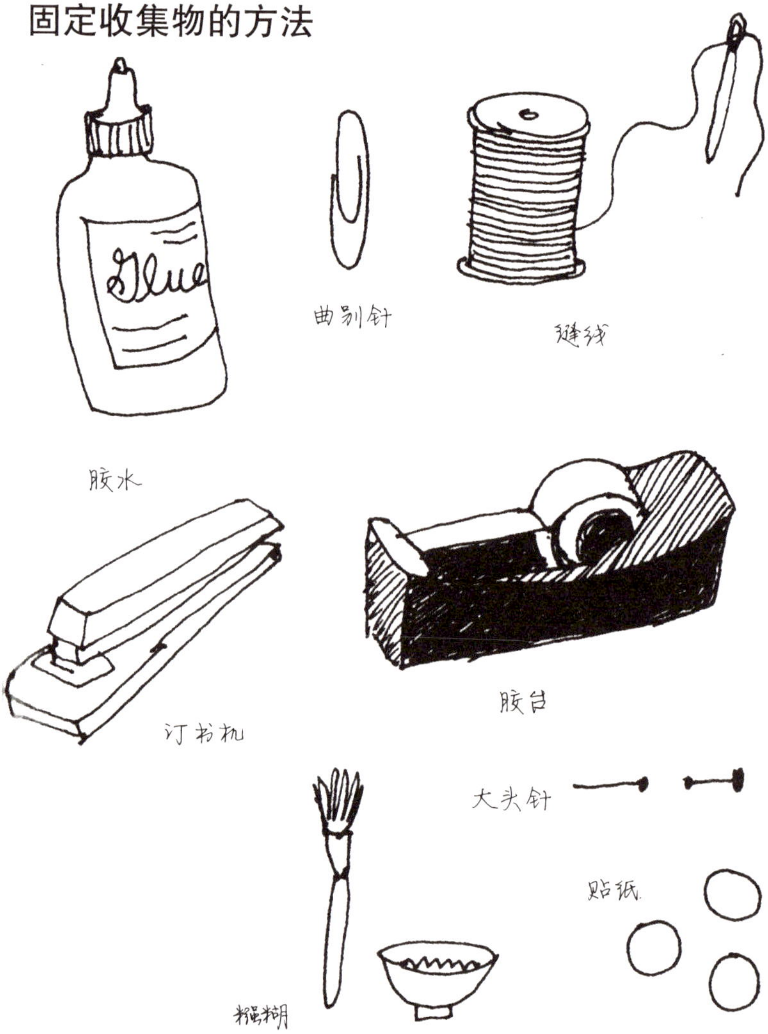

请注意：

有些物品的体积可能会比本书还大，这一点都不令人意外。

你可以用橡皮筋把它跟本书捆好固定住 。

让它看起来吓人。

创意大改造会用到的材料

*还有任何你想得到的

SCAVENGING TIPS 淘宝小叮当

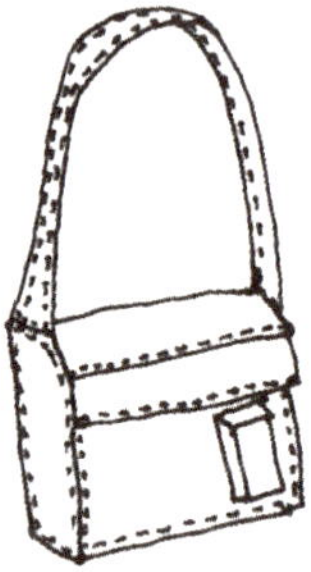

- 当你在自家附近闲逛时，记得培养四处张望的习惯，在地上搜寻可以找到的东西。有些东西你能够马上发现，或是马上知道可以在哪里找到；有些东西则会比较花时间，而且需要创意跟一些好运。有时候，你会在无预期的情况下淘到需要的宝（例如上班的路上，你在人行道上发现一条红线）。这种情况通常是最有趣的，也是最棒的淘宝过程，把这个过程写在收集物的页面上。

- 号召你的朋友跟家人来帮你（如果你想要的话）。

- 享受过程。通常在你完全沉浸在当下时，会最有收获。

- 记下（或是弄清楚）清单上有哪些等待淘宝的物品，这样你就能在生活中随时淘宝。

- 试着用不同角度探索身边的环境，或者是挑选和平常不一样的路走，这么一来你可能就会有新的收获。

重要提醒：务必避免任何尖锐、看起来危险，或是有毒的东西（避免死水或是不明物质）。如果你不确定这东西是否安全，最好不要碰。

ALTERATION TIPS 改造小叮咛

- 勇于尝试，看能做出什么东西（即使你觉得自己可能不会喜欢这个成品）。这样你就能创造出最有趣的东西！培养实验的精神。

- 如果在翻书页时翻到“机会牌”，你可以任选一种改造法，或是可以再翻一次。

- 试着尽可能多用各种不同的媒介进行改造，举例来说，如果改造的指示是要你“加上点点”，你可以用颜料、咖啡、口香糖、拼贴，或是任何其他你能想到的东西。

- 如果你有“犯规”的习惯，试着要求自己按照指示进行改造。

- 如果你真的不喜欢自己创造出来的东西，你可以重复一次改造的过程，或是把作品改造成另一种完全不一样的东西。

加码小叮咛：你可以把这些改造法用在其他你正在进行的创作上。

加温

INSTRUCTIONS

本书使用方式

1.不管到哪里都带着本书。

2.按照每页的指示找寻/收集物品，然后粘贴在左边的页面上。在右边页面上按指示写上你是在哪里找到这个物品，在“过程”那栏描述你发现这个物品的过程，或者为这个物品创造一个虚幻的故事 。

3.针对收集来的每个物品进行改造时，把书倒过来，随便很快翻一页，按照上面的指示来改造这个物品。对于“改造指示”的诠释全由个人而定。

4.用自己喜欢的方式与别人分享改造的成果。例如办个艺术展、朋友聚会时展示、进行“交换日记”等。

*你也可以选择用摄影的方式，将物品拍下来。但你得想办法印出来，这样之后才有办法进行改造。

**请记住，这些东西可能本身看起来一点也不起眼，但由于你的慧眼，将会变得无比珍贵。朋友都会非常嫉妒你。

把几样东西聚集起来

THE WAY EACH PERSON CHOOSES ITEMS AND WORKS WITH THEM WILL BE UNIQUE.

每个人选择寻找的物品以及改造的方式都是独一无二的。

SCAVENGER MAP

淘宝地图

画一幅你附近的地图（要画详细点）。标出所有你发现宝贝的地点。写下属于你个人的传奇故事。

加以破坏

LEGEND

故事

加以简化

1 POSTAGE STAMPS 邮票

寻获地点：

时间：　　　　日期：

过程：

往后翻3页，执行上面的指示

啥都别做

2

THE NUMBER FIVE 5

数字5

寻获地点：

时间：　　　日期：

过程：

改变它的边缘

3 PAPER CLIP 曲别针

寻获地点：

时间：　　日期：

过程：

机会牌（任选一种改造法）

加上另一种材质的东西

4

A FEATHER

一根羽毛

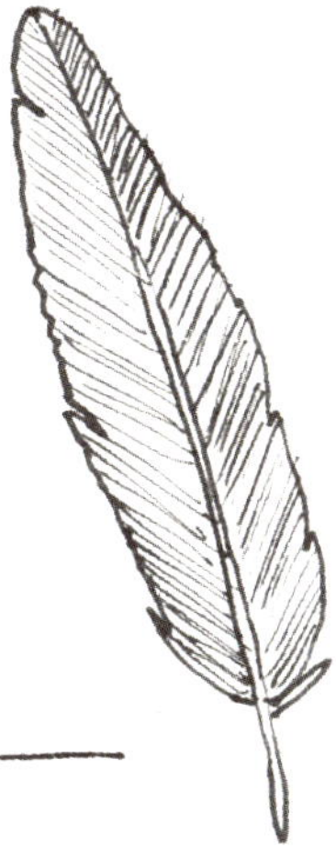

寻获地点：

时间：　　　　日期：

过程：

弄出几个洞来

8

请教一位朋友你可以做什么

5 A USED ENVELOPE

一个用过的信封

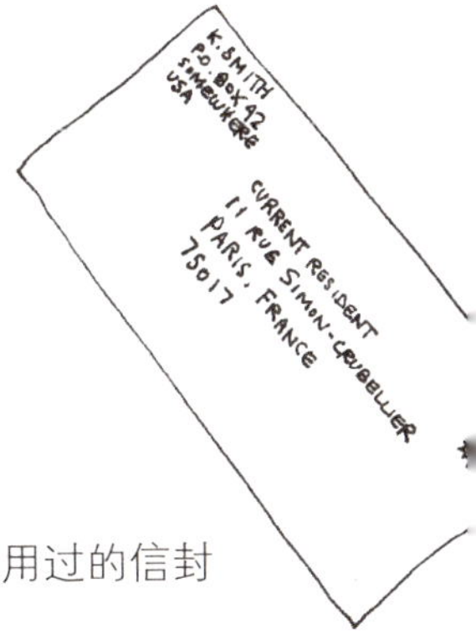

寻获地点：________________

时间：________ 日期：________

过程：________________

____

____

____

____

____

____

____

____

____

____

剪成条状

6

A TICKET 一张票券

寻获地点：

时间：　　　　　日期：

过程：

把它跟一张照片组合起来

加上10种颜色

7 NINE CIRCLES

9个圆圈

寻获地点：

时间：　　　　日期：

过程：

拼成一种动物

8 A FORM OF CURRENCY

纸钞

寻获地点：________________

时间：__________ 日期：__________

过程：________________

____

____

____

____

____

____

____

____

____

____

改造这个物品周围的部分（不是物品本身）

加上几条不会交叉的线

9

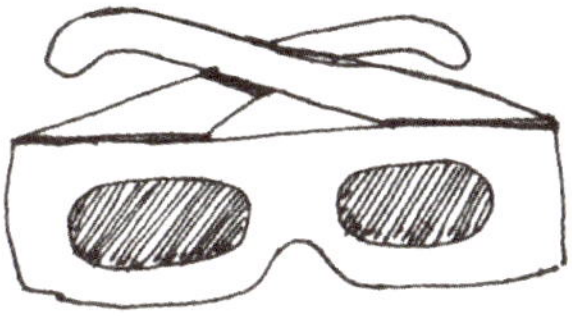

SOMETHING YOU CAN SEE THROUGH

某个你能透视的东西

寻获地点：

时间：　　日期：

过程：

加上一种你讨厌的颜色

10

THREE DIFFERENT TEXTURES

3种不同材质的东西

寻获地点：

时间：

日期：

过程：

帮它加框

加上几层透明或能透光的东西

11

SOMETHING WITH TEXT ON IT

上面有字的东西

The magician's underwear has just been found in a cardboard suitcase floating in a stagnant pond on the outskirts of

寻获地点：________________

时间：__________ 日期：__________

过程：________________

把中间拿掉

12

A POST-IT NOTE

一张便利贴

寻获地点 ：________________

时间：________ 日期：________

过程 ：________________

用指头抹上东西让它变脏

把它弄皱

13

A PIECE OF MOSS

一块苔藓

寻获地点：

时间：　　　　日期：

过程：

用水把它蘸湿

14

SOME WIRE

一段铁丝

寻获地点 ：________________

时间：________ 日期：________

过程 ：________________

____

____

____

____

____

____

____

____

____

____

加上一些三角形

把它变成一幅风景图

15

A PART OF SOMETHING YOU ATE

你吃剩的部分食物

寻获地点 ：

时间 ：　　　　日期 ：

过程 ：

画一个镜子

把它放在一个会让它变脏的地方

16

SOMETHING YOU CAN ONLY FIND IN YOUR LOCAL ENVIRONMENT

只能在你附近找到的东西

寻获地点：________________

时间：________ 日期：________

过程：________________

把它撕去

把咖啡或茶洒上去

17

SOMETHING ON YOUR BODY

你身上的某个东西

寻获地点：________________

时间：________ 日期：________

过程：________________

把颜料洒上去

把它变得很好玩

18

A USED TEA BAG 一个用过的茶包

寻获地点：______________________

时间：__________ 日期：__________

过程：______________________

把它切开

19

A NAPKIN

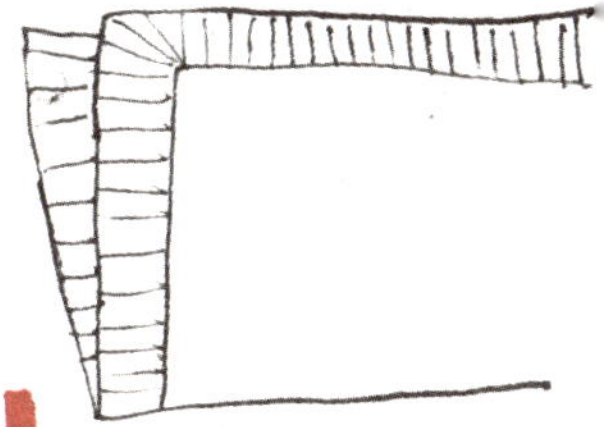

一张餐巾纸

寻获地点：

时间：　　　　日期：

过程：

让它带点政治味

把它变模糊

20

SOMETHING STICKY

黏黏的东西

寻获地点：

时间：　　　　日期：

过程：

加上线

40

把它改造成另一种东西

21

SIX BLUE THINGS

6个蓝色的东西

寻获地点：____________________

时间：________ 日期：________

过程：____________________

22

A PIECE OF A PUZZLE

一片拼图

寻获地点：__________

时间：__________ 日期：__________

过程：__________

拿去磨表面粗糙的东西

23

AN ELASTIC BAND

一条橡皮筋

寻获地点：

时间：　　　　日期：

过程：

剪一些碎纸片，把这些碎纸片粘上去

印下一枚指印

24

AN IMAGE OF A CHARACTER

某个角色的图片

寻获地点 ：______

时间：______ 日期：______

过程 ：______

画成完全相反的东西

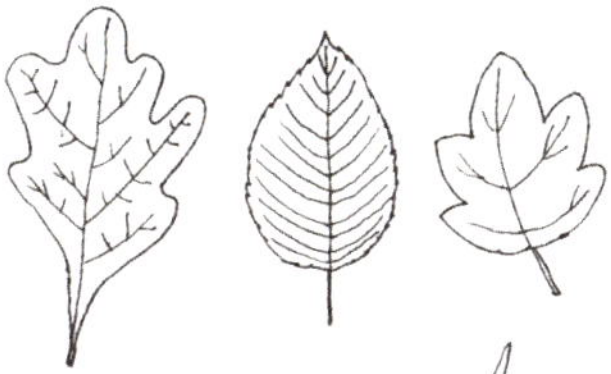

25

SEVERAL KINDS OF LEAVES

几种不同的叶子

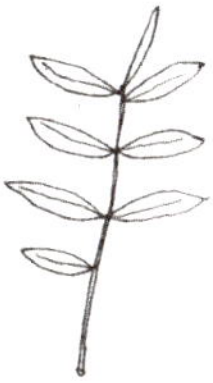

寻获地点：

时间：　　　　日期：

过程：

把它想成是完整的东西

26

A PIECE OF RED STRING

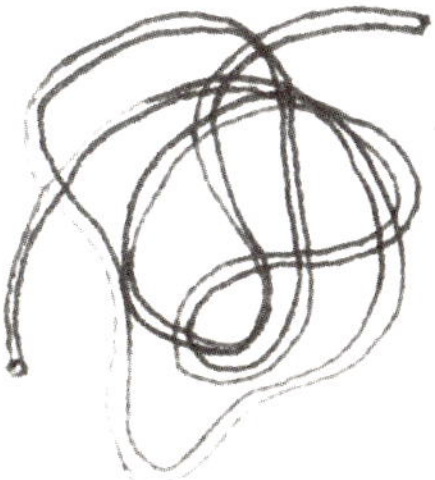

一段红色的线

寻获地点：

时间：　　　　日期：

过程：

它会发出什么声音?

27

A WRAPPER

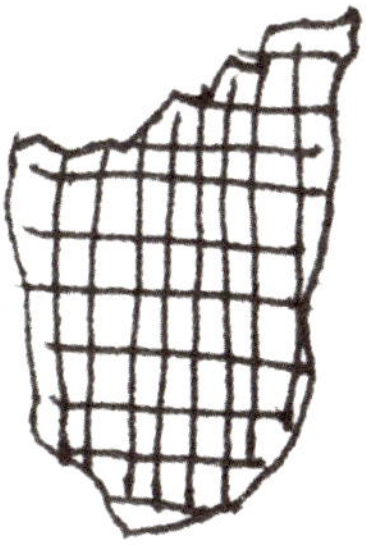

一张包装纸

寻获地点 ：

时间 ：　　　　日期 ：

过程 ：

28

A PHOTO OF YOURSELF

一张你自己的照片

寻获地点：

时间：　　　　日期：

过程：

机会牌（任选一种改造法）

加上眼睛

29

THERE ARE SO MANY JOYS.
AND I HAVE ONLY KNOWN
THE ONES THAT COME
LIKE A MIRACLE AND
TOUCH ORDINARY LIFE
WITH LIGHT. ANAÏS NIN

A POSTCARD

一张明信片

寻获地点：________________

时间：________ 日期：________

过程：________________

加上胶带

30

FOUR SQUARES
4个正方形

寻获地点：

时间：　　　　日期：

过程：

09

把它变得超级好玩

31

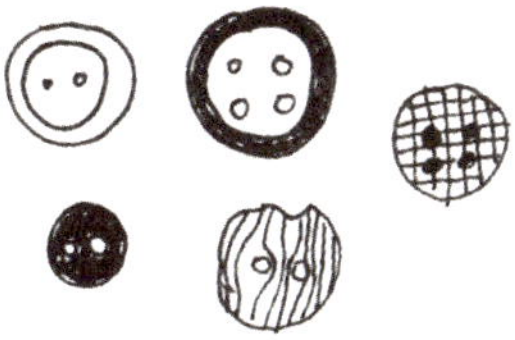

FIVE BUTTONS

5个纽扣

寻获地点：

时间：　　　　日期：

过程：

把它转化成一个数学算式

把它变成一种图形（并加以重复）

32

AN IMAGE OF AN ELEPHANT

一张大象的图片

寻获地点：________________

时间：________ 日期：________

过程：________________

贴上另一个东西

33

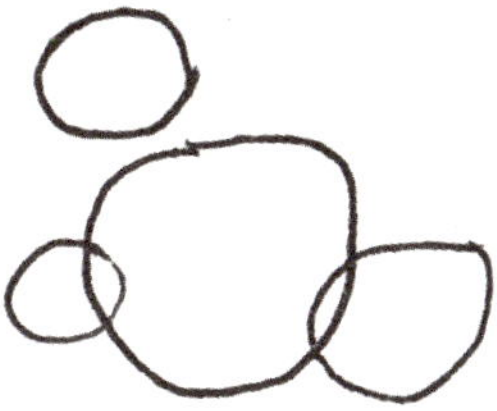

ROCK TRACINGS 收集石头

寻获地点 ：______________________

时间：__________ 日期：__________

过程 ：______________________

____

____

____

____

____

____

____

____

____

____

把它滚出去

利用镂空的模版加字或图案上去

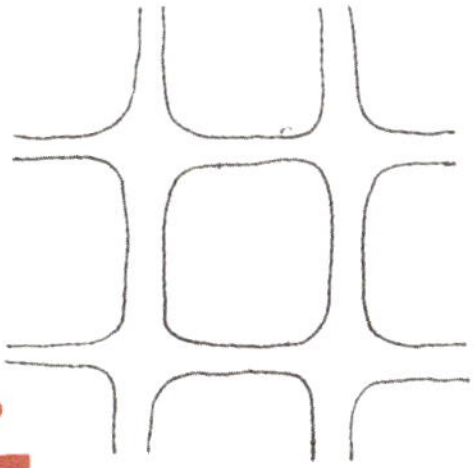

34 SOMETHING ORANGE

橘色的东西

寻获地点：________________

时间：________ 日期：________

过程：________________

加上一些水汽

加上6条线或做6个记号

35

SOMETHING FROM THE YEAR YOU WERE BORN

你出生那年的某样东西

寻获地点：

时间：　　　　　日期：

过程：

加上格子

用粉笔涂满表面，再擦掉其中一部分

YOU HAVE A FLANNEL UNDERSHIRT.

36

A HANDWRITTEN QUOTE

一张手写字条

寻获地点：

时间：　　　　日期：

过程：

刮它

37

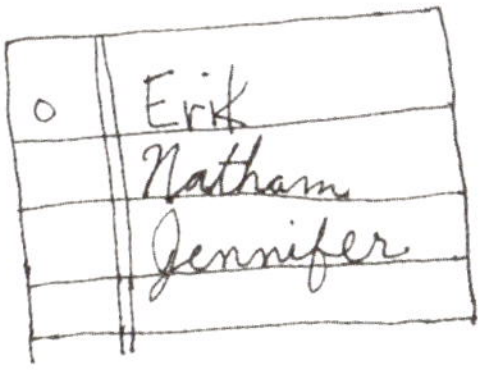

SAMPLES OF HANDWRITING FROM FIVE DIFFERENT PEOPLE 5个不同人的字迹

寻获地点：________________________

时间：__________ 日期：__________

过程：________________________

38

A PENCIL RUBBING OF A GRAVESTONE

用铅笔拓印墓碑/牌位

寻获地点：

时间：

日期：

过程：

这个东西引发哪些回忆？把它写下来

39

A HAIR SAMPLE 头发

寻获地点：

时间：　　　　日期：

过程：

加上阴影

针对这个东西写下5个问题

40

YOU WILL SOON MAKE A FRIEND.

A FORTUNE FROM A FORTUNE COOKIE

幸运饼干中的签条*（注）（或寺庙里的签条）

寻获地点：________________

时间：________ 日期：________

过程：________________

____

____

____

____

____

____

____

____

____

____

*（注）：幸运饼干（fortune cookie），又称签语饼或占卜饼等，是一种里面包有类似箴言或预言字条的饼干。

加上一个小到几乎难以察觉的装饰物品

08

把它做成一个徽章

41

A COUPON

一张折价券

寻获地点：________________

时间：________ 日期：________

过程：________________

把它改造成一个奇妙的物品

机会牌（任选一种改造法）

42

SOMETHING THAT IS BROKEN OR DAMAGED

坏掉或有缺损的东西

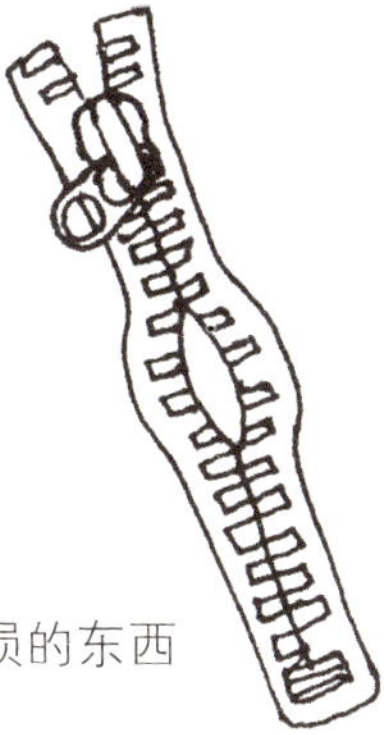

寻获地点：

时间：　　　　日期：

过程：

这个东西让你想到哪一种颜色？涂上去

43

SOMETHING THAT WAS DISCARDED

被丢弃的东西

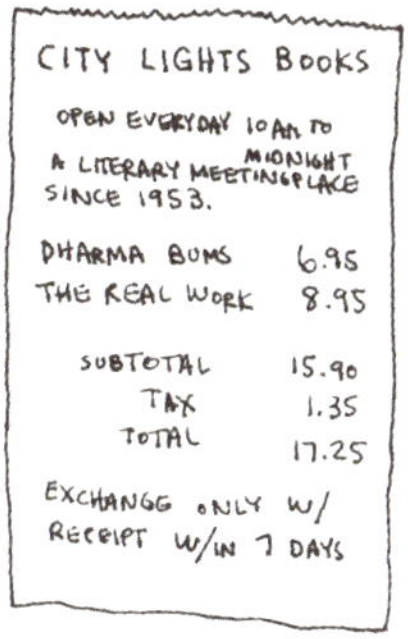

寻获地点：________________

时间：________ 日期：________

过程：________________

44

A STAIN MADE BY A LIQUID

用某种液体染成的汗渍

寻获地点：________________

时间：__________ 日期：__________

过程：________________

____

____

____

____

____

____

____

____

____

____

把它跟另一个你找到的东西组合在一起

88

加上大量你最喜欢的颜色

45

A STAIN THAT IS GREEN

绿色汗渍

寻获地点：________________

时间：________ 日期：________

过程：________________

用你喜欢的方式来改造这个东西

06

加上一种图案

46

SOMETHING THAT CAN BE CRUMBLED 可以捏碎的东西

寻获地点：

时间：　　　　日期：

过程：

把它改造成一张空间平面图

47

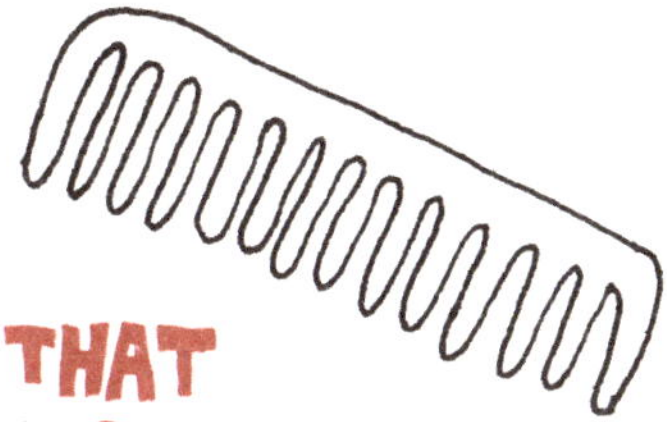

SOMETHING THAT CAN BE DRAGGED AND LEAVES A MARK

可以被拖出
痕迹的东西

寻获地点：________________

时间：__________ 日期：__________

过程：________________

加上缝线

48

SOMETHING THAT WAS PART OF A TREE 树的一部分

寻获地点：

时间：　　　　日期：

过程：

加上几个三角形

49

SOMETHING THAT WAS PLANTED

被种植的东西

寻获地点：________________

时间：________ 日期：________

过程：________________

把它跟另一个自己喜欢的东西结合

50

A FOUND NOTE

一张寻获的字条

寻获地点：

时间：　　　日期：

过程：

51

A PIECE OF FLAT CANDY

一块扁平的糖果

寻获地点：

时间：　　　　日期：

过程：

要是你现在是5岁，会怎么弄这个东西？

52

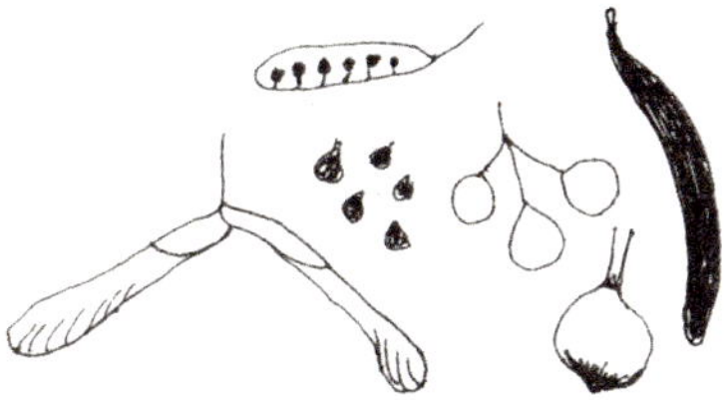

A FEW SEED PODS

一些豆荚

寻获地点：

时间：　　　　日期：

过程：

滴一些墨水，把滴下的墨水吹开

53

SOMETHING LEFT BY AN ANIMAL

动物留下的东西

寻获地点 ：

时间 ：   日期 ：

过程 ：

弄皱

对半剪开

54

SOMETHING THAT WAS CREATED USING A MACHINE

机器做的东西

寻获地点：

时间：　　　　日期：

过程：

用手指蘸颜料在上面作画

将蘸了墨水的线弹一下（留下印痕）

55

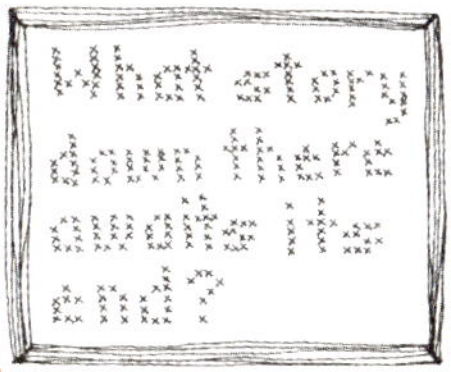

SOMETHING THAT WAS MADE BY HAND

手做的东西

寻获地点：

时间：　　　　日期：

过程：

用泥土涂抹表面

喷上墨汁（或是任何有颜色的液体）

56

SOMETHING THAT IS MINIATURE

某个迷你的小东西

寻获地点：

时间：　　　　　　日期：

过程：

涂成红色

57

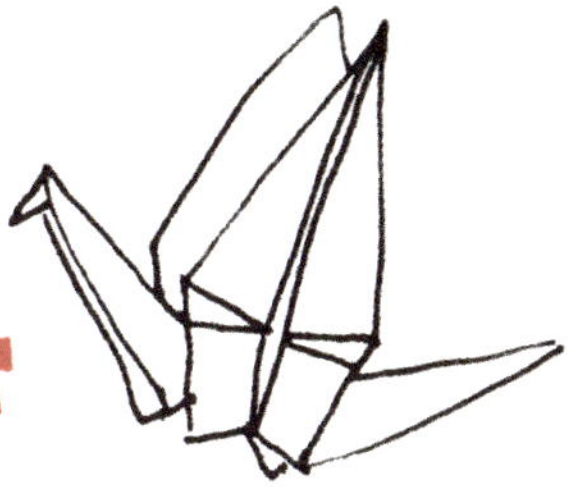

A PIECE OF ORIGAMI

一个折纸作品

寻获地点：________________

时间：__________　日期：__________

过程：________________

机会牌（任选一种改造法）

改造成一个怪兽

58 SOMETHING THAT WAS GIVEN TO YOU

别人给你的东西

寻获地点：

时间：　　　　日期：

过程：

改造成一个怪怪的人物角色

加上铅笔拓印的纹路

59

A DRAWING (NOT DONE BY YOU)

一张画（不是你自己画的）

寻获地点 ：______________________

时间 ：__________ 日期 ：__________

过程 ：______________________

加上某个表面被吹过的东西

60

SEVERAL DIFFERENT KINDS OF GRASS

几种不同的草

寻获地点 ：________________

时间：________ 日期：________

过程 ：________________

在上面印上别的东西

61

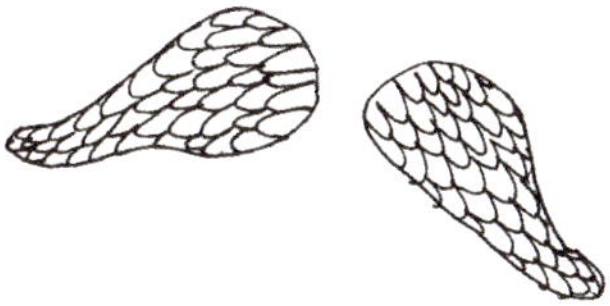

SOMETHING THAT IS IMAGINARY

虚拟的东西

寻获地点：

时间：　　　　日期：

过程：

把它变成一艘船

任选几种改进法，把它们结合起来

62

A PIECE OF STYROFOAM

一块保丽龙

寻获地点：

时间：

日期：

过程：

不要深思，随便做些什么，速度要快

把它改造成某种小机关或道具

63

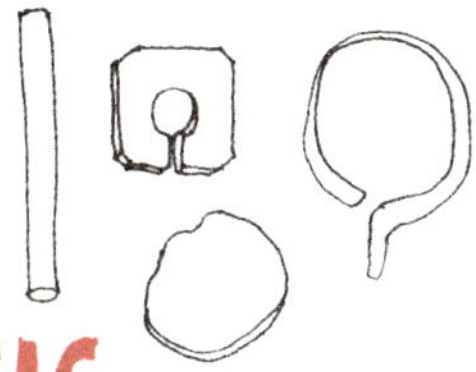

SEVERAL PLASTIC ITEMS OF DIFFERENT COLORS

几个不同颜色的塑料制品

寻获地点：____________________

时间：__________ 日期：__________

过程：____________________

加上格子

64

SOMETHING WITH SPOTS

上面有点点
的东西

寻获地点 ：______________________

时间：__________ 日期：__________

过程 ：______________________

65

SOMETHING CURVED

弯曲的东西

寻获地点 ：

时间 ：　　　　日期 ：

过程 ：

加上色纸

66

SIX TRIANGLES

6个三角形

寻获地点：________________

时间：________ 日期：________

过程：________________

67

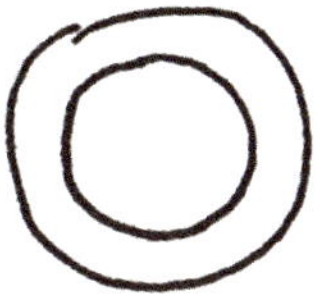

SOMETHING WITH A HOLE IN IT

上面有个洞的东西

寻获地点：

时间：　　　　日期：

过程：

加上你最喜欢的形状

改造成一个标志

68

A PART OF A BOOK

书的一部分

寻获地点：________________

时间：________ 日期：________

过程：________________

加上橘色的东西

把它跟你的某个日常生活用品结合起来

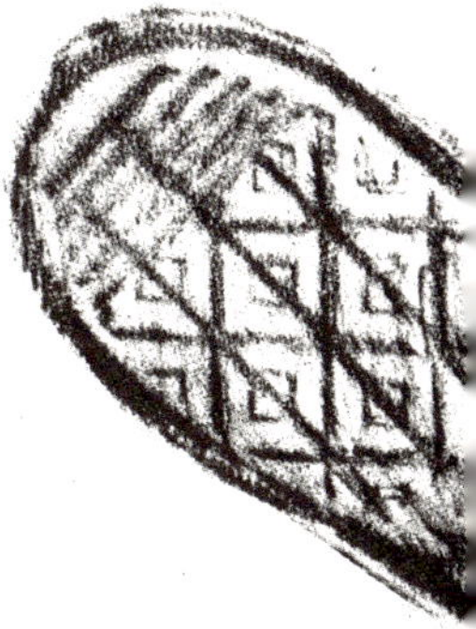

69

A PENCIL RUBBING OF THE BOTTOM OF A SHOE 用铅笔拓印鞋底

寻获地点：

时间：　　　　日期：

过程：

用它做一件你从没做过的事

70

SOMETHING FROM A CONSTRUCTION SITE

从工地找来的东西

寻获地点：

时间：　　　　日期：

过程：

把它改造成另一种东西

用另一种材质的东西，重新做一个

71

A UPC SYMBOL

一个条码

寻获地点：

时间：　　　　日期：

过程：

把它放到另一个全然不同的背景

加上一个箭头（或是一串箭头）

72

A PIECE OF GREEN FABRIC

一块绿色布料

寻获地点 ：

时间 ：

日期 ：

过程 ：

SOME EXTRA THINGS

进阶版

（更多淘宝主题）

修剪成另一种形状

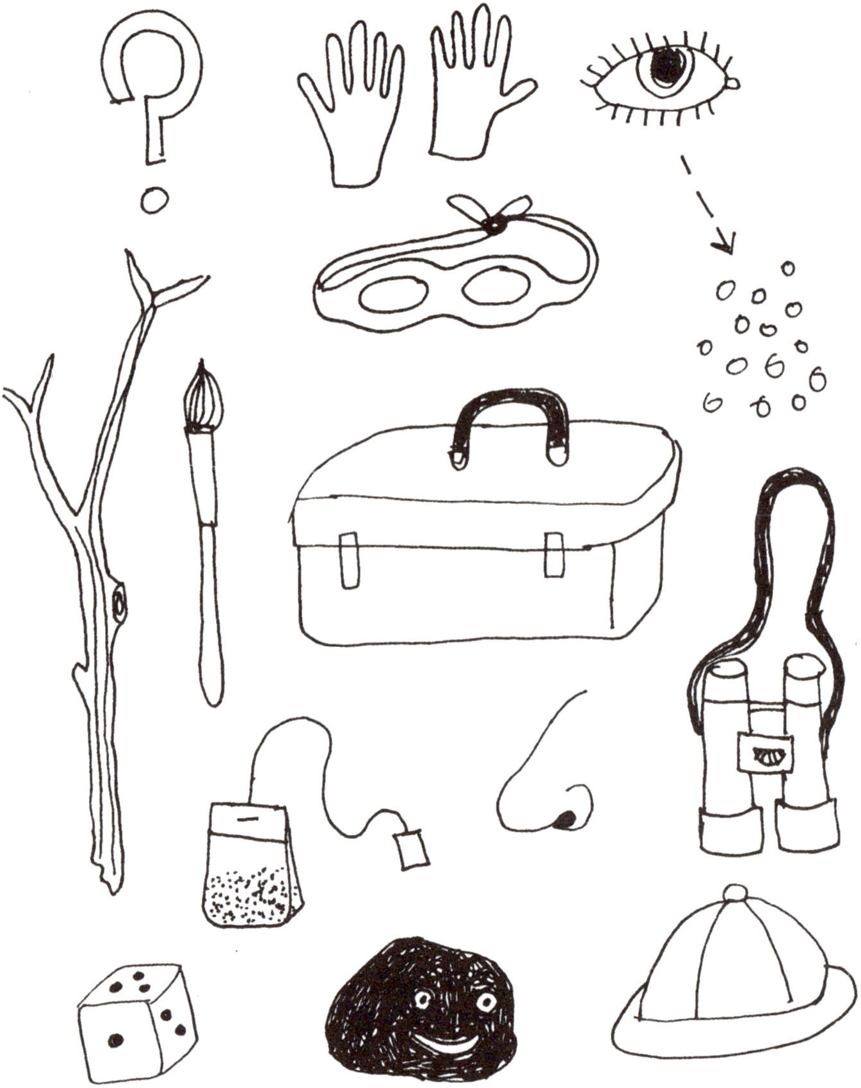

把最上面的形状描画下来

FUN THINGS TO DO

找乐子

- 找两个人或更多人一起来玩。指定一项东西让每个人去收集，接着，限时让所有人进行同样的改造。完成后互相观摩彼此的作品。
- 试着在每一样东西上进行好几种不同的改造，或许你可以掷骰子来决定要进行几种改造。
- 试着把所有指定物品一口气收集完，然后再开始进行改造。
- 试着收集好几个相同的东西，然后进行不同的改造（或者综合不同的改造）。
- 展示你的作品，在公开展示空间办一个小展览。
- 发起“淘宝快闪”活动，在社群网站上邀请朋友，一起到公共场合当“淘宝快闪族”。
- 主动提供“宝物”，在朋友上学或上班的路上藏起来，让他去找。
- 开办一个淘宝工作坊，或是组织一个社团，每周指定一个新的收集物品。
- 拿出你收集到的东西，进一步探索，研究一下。找到它们的来源，从不同角度来观察它们，例如形状、颜色、质地、历史等。假装自己对地球一无所知，那么这些东西透露了哪些关于这个星球居民的信息？
- 为你改造的东西创造一个故事。
- 用接下来几页的淘宝主题，找到东西进行实验。

为它拟一个有趣的标题或解说

改造成一个面具

RANDOM SCAVENGE

随机淘宝

1. 在自己家附近散个步。

2. 收集在路上你能发现的20样东西。

3. 在地图上标示这些东西的位置，帮每一样东西写一个故事。

加上一个黑色图形

钥匙圈
纸板
标签
上面画线的石头
蓝色绸带
条码
草
橡果的蒂头
纽扣
绿色叶子

QUICK SCAVENGE

快速淘宝

在10分钟内找到10样东西。

用纸撕下一个图形，然后加上去

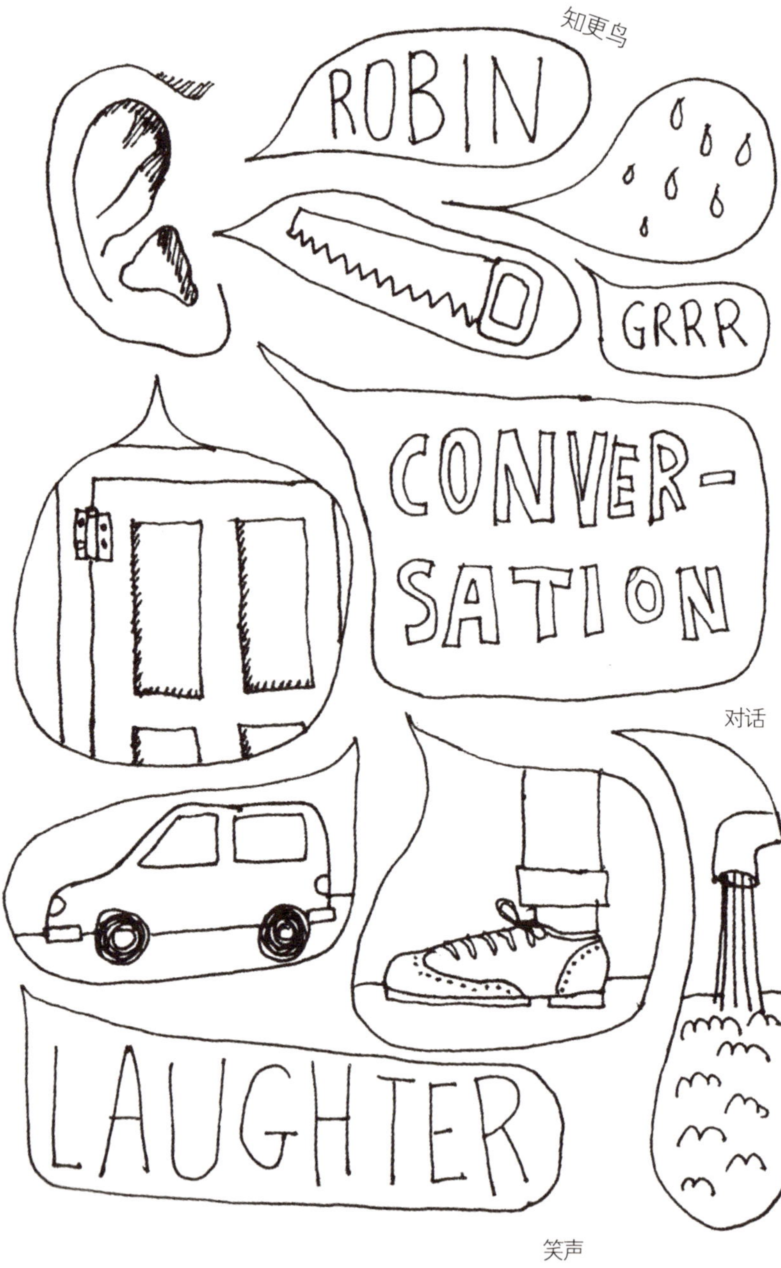

加上一条虚线

SOUND SCAVENGE

声音淘宝

使用某种可以录音的工具，录下自己听得到的10种不同声音。

如果你没有录音的工具，可以将自己听到的声音，用独创的图像或文字记录下来，然后在地图或是图表上标记出来。

加上黄色的东西

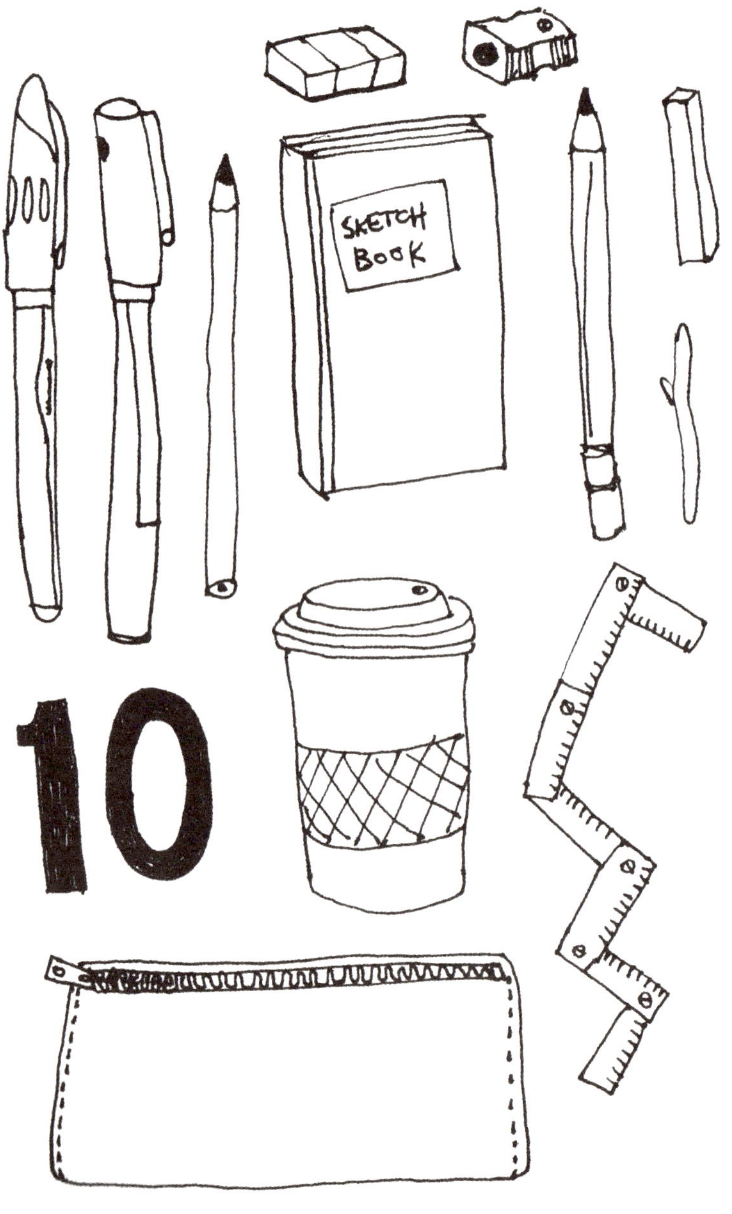

加上亮亮的东西

SKETCH SCAVENGE

画画淘宝

1. 到一个事先选定的地方到处走走。

2. 画下10样你发现的东西。

3. 在地图上标示你画的每样东西的位置。

加上一条弯曲的线条

A b c D e
f G h i j k
L m N o p
Q R s t U
V W X y Z

ALPHABET SCAVENGE

字母淘宝

在路上寻找类似26个英文字母形状的东西，把它们凑齐，并记录下来。进行这项活动时你需要一台相机。

找一个形状相似的东西，把它们合并起来

画下一棵树的轮廓

PLANT SCAVENGE

植物淘宝

1. 前往一个特定的户外地区。

2. 尽可能收集你能找得到的野生植物（请小心有毒树木或是荨麻！）。（注意：如果该处的植物是受到管制保护的，例如国家公园，那么请用相机拍下来就好）
带一本植物图鉴，应该会派上用场。

3. 整理采集到的植物，利用图鉴辨别每一种植物的名称。

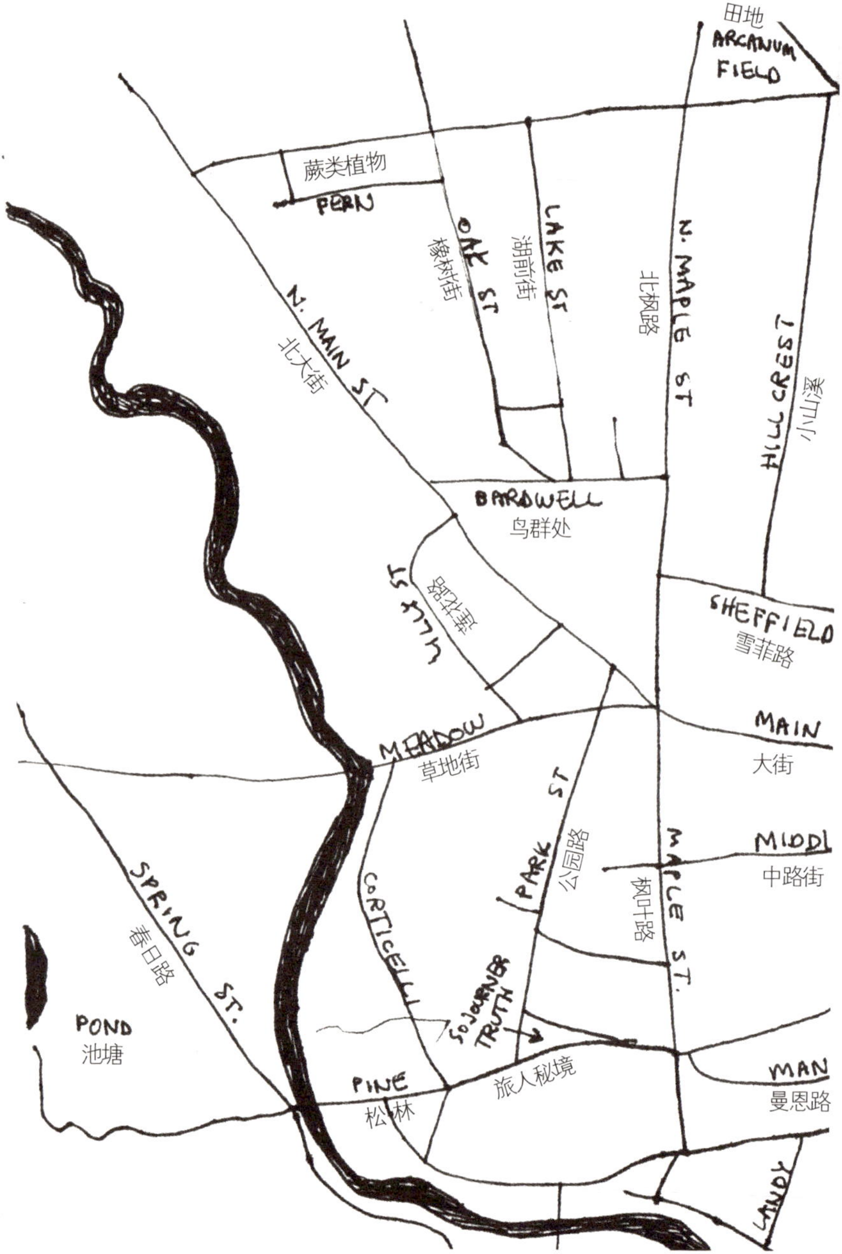
田地
ARCANUM FIELD
蕨类植物
FERN
OAK ST
橡树街
LAKE ST
湖前街
N. MAPLE ST
北枫路
HILLCREST
小山溪
N. MAIN ST
北大街
BARDWELL
鸟群处
WHITE ST
白花路
SHEFFIELD
雪菲路
MAIN
大街
MEADOW
草地街
PARK ST
公园路
MAPLE ST.
枫叶路
MIDDL
中路街
SPRING ST.
春日路
CORTICELLI
SOJOURNER TRUTH
旅人秘境
POND
池塘
PINE
松林
MAN
曼恩路
LANDY

机会牌（任意挑选一个改运法）

想一个你独创的改造方法

STAINS AND SPILLS

污渍与泼出来的液体

到外头尽量去找能发现的污渍，或泼出来的液体（口香糖印跟水渍也可以）。

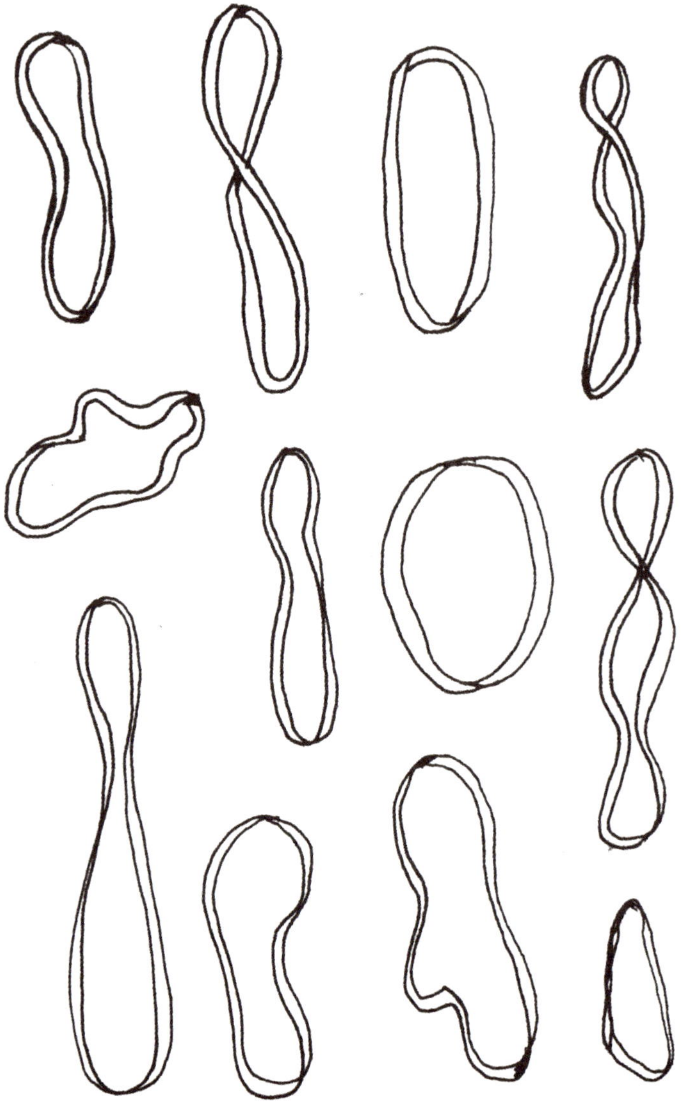

用某个东西填满所有空间

ONE THING SCAVENGE

特定物淘宝

1. 选定一样东西来收集或是记录（建议：例如，蓝色的东西、橡皮筋、各式票券、邮票、公园长椅等）。

2. 不管你到了什么地方，找找有没有这个东西的踪迹。把它收集起来，或是用某个方法把它记录下来。

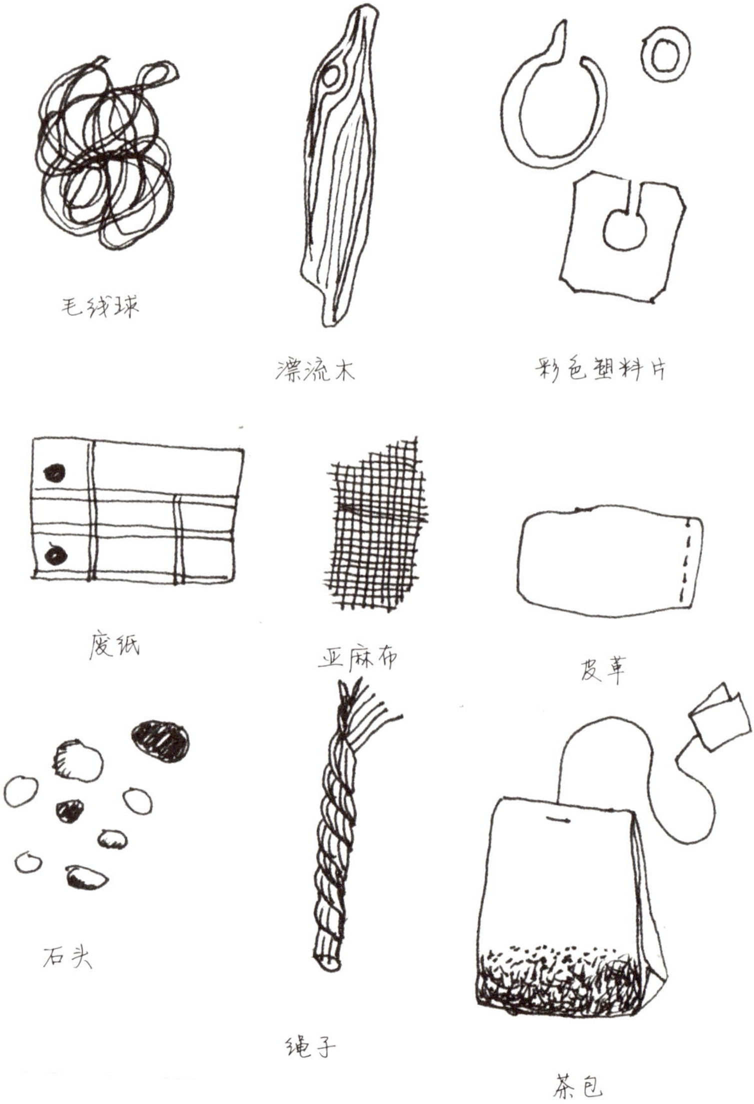
毛线球
漂流木
彩色塑料片
废纸
亚麻布
皮革
石头
绳子
茶包

PERSONAL SCAVENGE

个人淘宝

1. 根据自己的喜好安排一场淘宝活动（举例来说，收集你最喜欢的糖果包装纸，或一些你真正喜欢、几种不同材质的东西）。

2. 送给一个朋友让他（她）使用。

离开5分钟，回来后随便画些东西

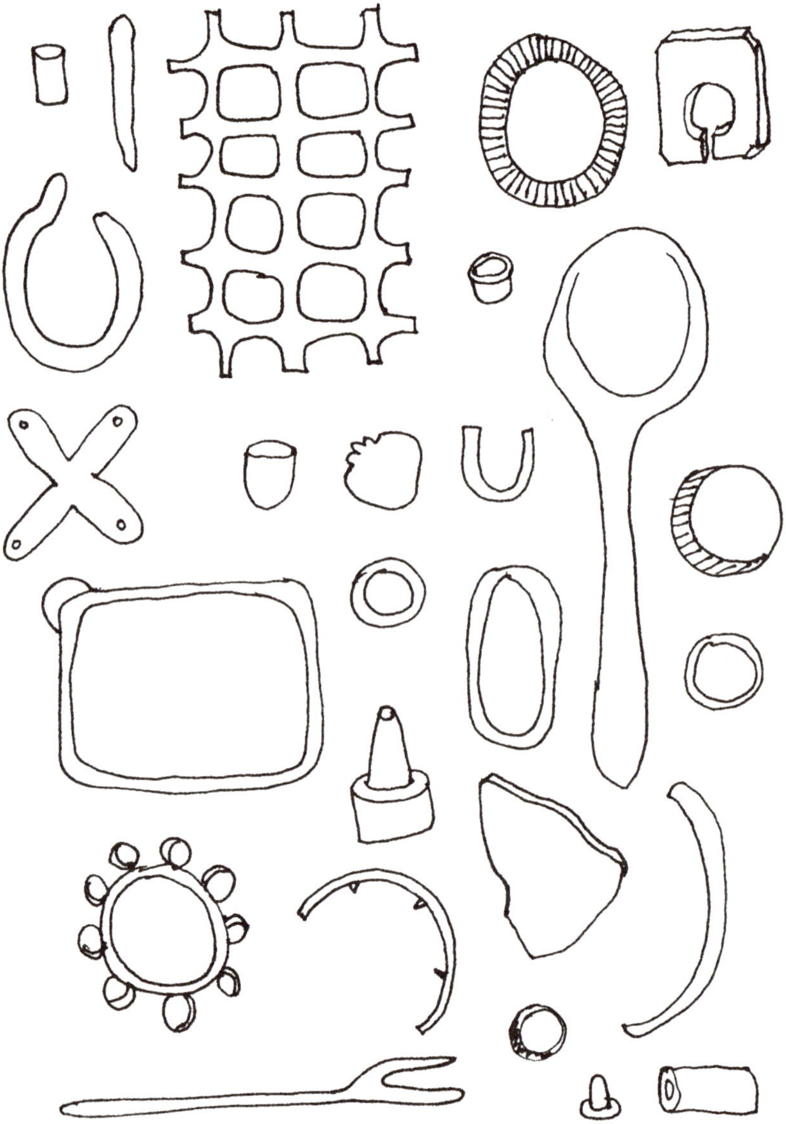

把你能加上的东西全部加上去

PLASTIC SCAVENGE

塑料淘宝

1. 尽可能收集你能找到的废弃塑料品。

2. 逐一记录，或是分类记录下来。

3. 帮这些塑料品打造一个存放基地。

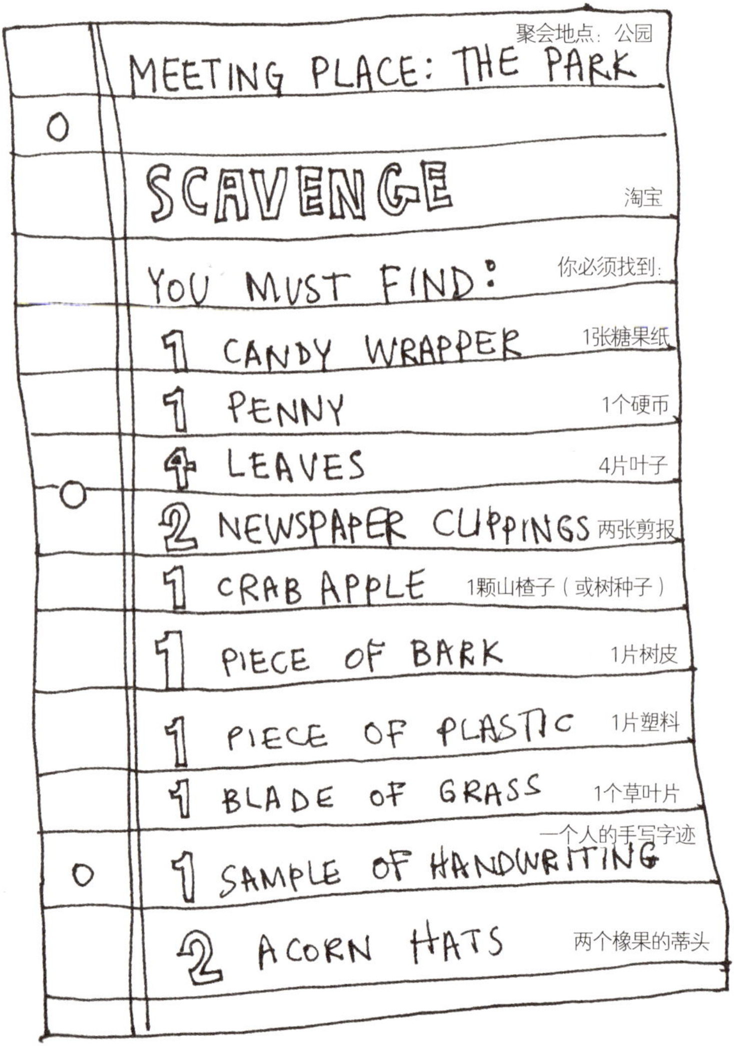

准备一些画画的用品，全部用上

MEETING SCAVENGE

聚会淘宝

1. 选定一个场所，约一位朋友聚会。

2. 彼此为对方出一个淘宝主题，决定一个收集的数目。

把它保存下来

李大仁 2001

URBAN FOSSILS

都市化石

出门去记录下你所能发现的都市化石，这些东西会被夹在或出现在水泥人行道上，例如脚印（动物或人的）、树叶的叶印、一些图案、硬币、名字等。

用相机拍下来，把照片跟物品结合在一起

CHECKLIST 清单

QUICK REFERENCE LIST OF ITEMS

收集物快速索引

针对这项物品发表意见

- ☐ 邮票
- ☐ 数字5
- ☐ 曲别针
- ☐ 一根羽毛
- ☐ 一个用过的信封
- ☐ 一张票券
- ☐ 9个圆圈
- ☐ 纸钞
- ☐ 某个你能透视的东西
- ☐ 3种不同材质的东西
- ☐ 上面有字的东西
- ☐ 一张便利贴
- ☐ 一块苔藓
- ☐ 一段铁丝
- ☐ 你吃剩的部分食物
- ☐ 只能在你附近找到的东西
- ☐ 你身上的某个东西
- ☐ 一个用过的茶包
- ☐ 一张餐巾纸
- ☐ 黏黏的东西
- ☐ 6个蓝色的东西
- ☐ 一片拼图
- ☐ 一条橡皮筋
- ☐ 某个角色的图片
- ☐ 几种不同的叶子
- ☐ 一段红色的线
- ☐ 一张包装纸
- ☐ 一张你自己的照片
- ☐ 一张明信片
- ☐ 4个正方形
- ☐ 5个纽扣
- ☐ 一张大象的图片
- ☐ 收集石头
- ☐ 橘色的东西
- ☐ 你出生那年的某样东西
- ☐ 一张手写字条
- ☐ 5个不同人的字迹
- ☐ 用铅笔拓印墓碑/牌位
- ☐ 头发
- ☐ 幸运饼干中的或寺庙里的签条
- ☐ 一张折价券
- ☐ 坏掉或有缺损的东西
- ☐ 被丢弃的东西
- ☐ 用某种液体染成的汗渍
- ☐ 绿色汗渍
- ☐ 可以捏碎的东西
- ☐ 可以被拖出痕迹的东西
- ☐ 树的一部分
- ☐ 被种植的东西
- ☐ 一张寻获的字条
- ☐ 一块扁平的糖果
- ☐ 一些豆荚
- ☐ 动物留下的东西
- ☐ 机器做的东西
- ☐ 手做的东西
- ☐ 某个迷你的小东西
- ☐ 一个折纸作品
- ☐ 别人给你的东西
- ☐ 一张画（不是你自己画的）
- ☐ 几种不同的草
- ☐ 虚拟的东西
- ☐ 一块保丽龙
- ☐ 几个不同颜色的塑料制品
- ☐ 上面有点点的东西
- ☐ 弯曲的东西
- ☐ 6个三角形
- ☐ 上面有洞的东西
- ☐ 书的一部分
- ☐ 用铅笔拓印鞋底
- ☐ 从工地找来的东西
- ☐ 一个条码
- ☐ 一块绿色布料

这东西若能说话，它会说些什么？

THIS PAGE IS RESERVED FOR A MYSTERY OBJECT*

这一页保留给“神秘物品”

* AN OBJECT YOU FIND WHILE ON A SCAVENGE THAT IS NOT ON THE LIST BUT IS TOO GOOD TO PASS UP. 这个东西是你在淘宝时发现的，它不在你的清单上，但是好的让你一定要收藏下来。

寻获地点：______________________________

时间：__________ 日期：______________

过程：______________________________

图书在版编目（CIP）数据

做了这本书2：淘宝与创意改造 / (美) 凯莉 · 史密斯著；李佳霖译. — 武汉：湖北科学技术出版社，2016.11

ISBN 978-7-5352-8887-5

Ⅰ. ①做… Ⅱ. ①凯… ②李… Ⅲ. ①学生生活－青少年读物 Ⅳ. ①G635.5-49

中国版本图书馆CIP数据核字(2016)第136835号

著作权合同登记号　图字：17-2016-223

责任编辑：兰季平　　封面设计：Keri Smith

出版发行：湖北科学技术出版社　　电　话：027-87679468
地　址：武汉市雄楚大街268号　　邮　编：430070
（湖北出版文化城B座13-14层）
网　址：http://www.hbstp.com.cn

印　刷：北京佳信达欣艺术印刷有限公司　　邮　编：101111

880×1230　1/32　　6.5印张　　100千字
2016年11月第1版　　2016年11月第1次印刷
定　价：32.00元